Manfred Bätje

NORDERNEY

—— wie es früher war ——

Wartberg Verlag

Fotonachweis:
Bildbestand des Stadtarchivs Norderney

1. Auflage 2002

Satz und Layout: Typographische Dienste U. Weiss, Borken (Hessen)
Druck: Werbedruck GmbH Horst Schreckhase, Spangenberg
Buchbinderische Verarbeitung: Buchbinderei Büge, Celle

34281 Gudensberg-Gleichen, Im Wiesental 1
Telefon (0 56 03) 9 30 50
www.wartberg-verlag.de
ISBN 3-8313-1269-9

Vorwort

Nordseebad Norderney – „eine Seebade-Anstalt ersten Ranges“.

Eine Reise ins Seebad, das war im 19. Jahrhundert einer privilegierten Schicht der Gesellschaft vorbehalten, die über Freizeit und ausreichendes Vermögen verfügte. So zog es zunächst hauptsächlich Adlige, höhere Militärs, Bankiers und Geschäftsleute, Beamte, Künstler und Gelehrte und andere in die Seebäder an der deutschen Nord- und Ostseeküste. Kein Massentourismus, sondern Urlaub, der neben der Erholung als Ausdruck von Stellung, Macht und gesellschaftlicher Reputation diente. Die Ansprüche und Erwartungen an Komfort und Unterhaltung förderten den Ausbau der Badeorte und die Konkurrenz mit anderen deutschen und ausländischen Seebädern verpflichtete zu zeitgemäßen Einrichtungen.
Im Mai 1797 beschlossen die ostfriesischen Landstände die Einrichtung eines Seebades auf der Insel Norderney. Norderney kam in Frage, „weil einerseits der Strand sehr flach ist und dann die Insel dem festen Lande so nahe liegt, dass sie täglich mit frischen Nahrungsmitteln versorgt werden kann und die Patienten mit allen Bedürfnissen versehen werden können.“ Noch bis 1799 verhandelten die Landstände über die zu treffenden Vorbereitungen. Ein Jahr später erfolgte dann die offizielle Eröffnung.
Der Zusammenbruch Preußens im Krieg gegen die Truppen Kaiser Napoleons I. (1806) führte zur Schließung des Bades. Das „Conversationshaus“, wo zwischen 1802 und 1804 General Gebhard Leberecht von Blücher – der „Marschall Vorwärts“ des Jahres 1814/15 – seiner Spielleidenschaft nachging, diente als Kaserne und Magazin, nachdem im Jahr 1810 Soldaten auf die Insel verlegt wurden. Nach 1815 gehörte Ostfriesland zum Königreich Hannover, ab 1819 war Norderney Königlich Hannoversches Seebad. Die Regierung in Hannover förderte den Ausbau des Bades, welches bevorzugt vom Adel aufgesucht wurde. Steigende Besucherzahlen brachte aber erst der Aufenthalt des Herzogs von Cumberland, Georg – ab 1837 hannoverscher Kronprinz und von 1851 bis 1866 König von Hannover, der im Sommer 1836 die Insel besuchte, und dies bis zum Ende seiner Regierungszeit beibehielt, mit seiner Ehefrau, Marie von Sachsen-Altenburg, und den Kindern. Die königliche Familie auf Norderney: Das hatte den besonderen Effekt, dass alles, was Rang und Namen im Königreich besaß, es dem König gleichtun wollte. Auch aus den anderen deutschen Ländern und dem benachbarten Ausland reisten die Gäste an, wodurch Norderney zu einem exklusiven Treffpunkt des Adels, der Diplomatie, der Kunst- und Geisteswelt wurde.
Preußische Marinesoldaten besetzten nach dem Deutschen Krieg (1866) die hannoversche Sommerresidenz. Sie verhafteten den Königlichen Badekommissar und brachten ihn auf das vor der Insel ankernde Kanonenboot „Blitz“. Am darauf folgenden Tag landeten Soldaten am Damenbadestrand und hissten auf der „Marienhöhe“ die schwarz-weiße Flagge. Preußische Gesetze und Verordnungen traten in Kraft: Die Einwohner der Insel – bislang Erbpächter – erhielten ihre Grundstücke als Eigentum, und die Niederlassungsfreiheit für Handel, Handwerk und Gewerbe wurde eingeführt. Der preußische Staat begann ungenutztes Dünengelände für die Bebauung freizugeben, was einen „Bauboom“ einleitete. 1866 standen im Ort 252 Wohnhäuser, 1885 bereits 518 und 1910 719 Gebäude. Im gleichen Zeitraum stieg die Bevölkerung von 1 431 auf 4 106 an, die Zahl der Gäste nahm von 3 110 auf 42 590 zu.
Mit der „Königlichen Seebade-Anstalt“ auf der Insel Norderney besaß das Deutsche Reich beziehungsweise das Königreich Preußen ein Nordseebad, welches „nicht allein mit fremdländischen Seebädern sich messen kann, sondern dieselben in vielen wichtigen Bedingungen für ein Seebad weit übertrifft ... Aus kleinen Anfängen ist eine Seebade-Anstalt ersten Ranges geworden, welche fast in der ganzen zivilisierten Welt bekannt und ihrer bedeutenden Vorzüge wegen berühmt ist. Das ehemalige Fischerdorf hat einer Stadt mit Palästen und komfortablen Wohnungen Platz gemacht, verschönt und vervollkommnet durch die modernsten Einrichtungen der Technik, Hygiene und des feineren Lebens“ – wie Carl Berenberg 1887 in einem Reiseführer hervorhob.
Mit der Schließung der Seebadeanstalt zu Beginn des Ersten Weltkrieges endete auch die Zeit des „Mode- und Weltbades“ Norderney – eine für das Seebad Norderney goldene Epoche ging vorüber. Trotz größter Anstrengungen gelang es aufgrund von Inflation und wirtschaftlicher Depression nach 1918 nicht mehr, an den Erfolg der Vorkriegsjahre anzuknüpfen.
Badeführer, Reiseberichte und Prospekte beschreiben und informieren über die damaligen Verhältnisse, noch erhaltene historische Gebäude lassen den Glanz dieser Epoche erahnen. Zu allererst ist es aber die Fotografie, die uns die vergangene Welt des Seebades Norderney bewusst macht und zum Augenzeugen der Geschichte werden lässt. Die im vorliegenden Bildband zusammengestellten Fotografien stammen aus den Beständen des Stadtarchivs Norderney. Hauptsächlich sind es Nachlässe von Fotografen, die nach 1860 eine Filiale auf Norderney betrieben, wie Laurentius Herzog und Louis Koch aus Bremen sowie der gebürtige Duisburger Edmund Risse. Ihre Portrait- und Gruppenaufnahmen, Strandszenen, Meer- und Dünenbilder, Straßen- und Gebäudeaufnahmen, die zu Leporellos und Bildalben zusammengestellten Fotografien ließen sich bei den Badegästen als „Erinnerung an Norderney“ gut verkaufen. Heute sind es wichtige Zeitdokumente, aus denen zum einen die Geschichte der Fotografie hervorgeht, zum anderen bieten sie einen Rückblick in das Ortsbild und die Architektur des Seebades Norderney sowie in das Bade- und Strandleben einer exklusiven Gesellschaft zwischen 1870 und 1914.

Manfred Bätje

Norddeich-Mole, hier beginnt die Überfahrt nach Norderney. Aufgenommen um 1926.

Norddeich – eigentlich eine geographische Bezeichnung für eine nördlich der Stadt Norden gelegene kleine Fischersiedlung, die zunächst den Namen Fischershusen trug. Hier war seit alters her die Anlegestelle der Norderneyer Fischer und nach Gründung der Seebadeanstalt Norderney der Liegeplatz der Fährboote, welche die Badegäste zur Insel übersetzten. Doch bis zum Bau der Eisenbahnstrecke Emden–Norden (1881) reisten die meisten Gäste mit dem Schiff ab Hamburg, Bremen, Leer und Emden an. Bis zu Beginn der 1890er Jahre besaß Norddeich keinen Hafen. Die Fährschiffe, bis 1872 nur Segelboote, nutzten einen einfachen hölzernen Anleger, die so genannte „Schlenge". Noch war die Überfahrt nur bei Hochwasser möglich. Dies änderte sich, als 1889 mit der Ausbaggerung einer Fahrrinne und dem Bau von Leitdämmen begonnen wurde. Bis 1892 entstanden ein Eisenbahndamm, Kaianlagen und der Bahnhof in Norddeich. Die Reisenden konnten fortan mit dem Zug unmittelbar bis an das Schiff fahren, und die Schiffsverbindung nach Norderney konnte unabhängig von Ebbe und Flut durchgeführt werden.

Der Eisenbahnbau revolutionierte das Verkehrswesen: Entfernungen schrumpften, Güter und Waren konnten einfacher transportiert werden und das Reisen wurde bequemer. Mit dem 1856 geschlossenen Teilstück der Westbahn von Papenburg bis Emden war Ostfriesland an das Bahnnetz angeschlossen, 1867 wurde dann die Strecke Oldenburg–Leer fertig gestellt. Bis dahin mussten größere Strecken mit der Postkutsche zurückgelegt werden, wobei eine Reise von Hamburg nach Norddeich ungefähr drei Tage dauerte. Wegen der zunächst schlechten Verkehrsanbindungen zogen es Badegäste aus dem Rheinland deshalb vor, eher die französischen, belgischen und niederländischen Seebäder zu besuchen, als an die weit entfernte Nordseeküste zu reisen. Nicht nur der Bau der Westbahn, sondern auch die patriotische Woge, die Deutschland nach der Reichsgründung 1871 erfasste und zu einem neuen nationalen Bewusstsein führte, trug dazu bei, dass immer mehr Reisende die deutschen Seebäder bevorzugten. Gerade Norderney profitierte davon. So nahm die Zahl der Norderney-Besucher von 1860 mit 2 600 Gästen bis 1883 auf rund 11 000 zu. Noch bis 1892 endete die Bahn in Norden, die ab Emden als „Neben- oder Secundärstrecke" betrieben wurde. Die Weiterreise von Norden bis Norddeich musste zunächst mit Pferdeomnibussen oder Kutschen bewältigt werden, was für die Reisenden sehr viel Umstände bedeutete. Am 15. Juni 1892 fuhr der erste planmäßige Personenzug in den Bahnhof von Norddeich ein. Von München, Köln, Berlin, Dresden, Kassel, Hamburg bringen seitdem Sonder- und Bäderschnellzüge, die zunächst nur während der Badesaison von Juni bis September verkehrten, die Kurgäste und Urlauber an die Nordsee.

▲ Der Molenkopf in Norddeich mit eingefahrenem Schnellzug und bereitliegendem Dampfschiff, um 1912.

▲ Norddeich-Mole im Jahr 1935.

◀Schraubendampfer „Stadt Norden“, um 1885.

Es war das erste Dampfschiff, welches ab 1872 im Liniendienst zwischen Norddeich und Norderney verkehrte und zugleich das erste Schiff der 1871 gegründeten „Dampfschiffs-Rhederei Norden“. 400 Passagiere konnte das Schiff befördern. 1912 wurde das Schiff an eine andere Reederei verkauft und nun als Frachtschiff genutzt. Mit einer Ladung Mehl von Hamburg nach Papenburg unterwegs, strandete die „Stadt Norden“ am 3. März 1914 auf dem Riff vor Norderney. In einer dramatischen Rettungsaktion gelang es den Männern des Ruderrettungsbootes „Fürst Bismarck“, die Besatzungsmitglieder von Bord zu holen. Der größte Teil der Mehlladung wurde am darauf folgenden Tag an den Nordstrand der Insel geschwemmt.

▶Raddampfer „Norderney“, um 1895.

Auf der Brücke des Raddampfers „Norderney", um 1925.

„Um den Verkehr nach den Inseln Norderney und Juist in geordnete Bahnen zu bringen", gründeten Norder und Norderneyer Bürger im Juli 1871 die „Dampfschiffs-Rhederei Norden". Mit dem Dampfer „Stadt Norden" nahm die Reederei zur Saison 1872 den Liniendienst auf. Zwischen 1883 und 1892 wurden die Raddampfer „Ostfriesland", „Norddeich" und „Norderney" in Dienst gestellt. Das zugefrorene Watt führte im Januar 1893 zu einer Einstellung der Schifffahrt nach Norderney. Eine auf der Insel einberufene Versammlung forderte die Reederei dazu auf, endlich ein winterfestes Schiff zu beschaffen, was aber abgelehnt wurde. Im März 1893 kam es zur Gründung der „Norderneyer Dampfschiffs-Reederei Einigkeit", die den Doppelschraubendampfer „Deutschland" einsetzte. Es zeigte sich aber schon bald, dass für zwei konkurrierende Reedereien der Liniendienst keine ausreichende Existenz bot. Bereits 1894 bildeten beide Reedereien die Betriebsgemeinschaft „Vereinigte Dampfschiffs-Reedereien Norden–Norderney". Wiederum waren es Mängel und Beanstandungen, die 1906 zur Gründung eines weiteren Konkurrenzunternehmens führten, welches unter dem Namen „Neue Dampfschiffs-Reederei Frisia" im April 1907 mit der „Frisia I" den Liniendienst eröffnete. Bereits 1909 verständigten sich die konkurrierenden Unternehmen und gründeten eine Betriebsgemeinschaft, während die Reederei „Einigkeit" liquidierte. 1917 fusionierten die Reedereien „Norden" und „Frisia" zur „Aktiengesellschaft Reederei Norden-Frisia". Sitz des Unternehmens ist seitdem Norderney.

Ankunft des Raddampfers „Norderney“ im Norderneyer Hafen, um 1895.

Noch bis 1871 mussten die Norderney ansteuernden Schiffe im parallel zur Insel verlaufenden Fahrwasser, dem Riffgat, ankern. Die Passagiere stiegen dann auf bereitliegende Boote oder direkt auf Pferdewagen um und erreichten so trockenen Fußes die Insel. Eine erste Verbesserung war der Bau einer 88 Meter langen und 2,50 Meter breiten, eisernen Landungsbrücke, an der die Schiffe nun anlegen konnten. Der Weitertransport von der Brücke bis an Land erfolgte aber zunächst weiterhin mit Pferdewagen, bis schließlich 1873/74 ein 1 200 Meter langer, hochwasserfreier Damm gebaut wurde, der vom Anleger bis zum Ortseingang bei der Marienstraße führte. Für den Entwurf des Anlegers erhielt Regierungs- und Baurat Tolle die Fortschrittsmedaille von der Jury der Wiener Weltausstellung (1873) verliehen. Bis 1874 war auch der östlich des Dammes angelegte Hafen fertig gestellt, der in den Jahren 1880 bis 1882 sowie 1888 bis 1892 wesentlich erweitert wurde. Dadurch konnte auch das aufwendige Laden und Löschen der Fracht erleichtert werden. Die im Hintergrund des Fotos erkennbare Wartehalle mit Restauration wurde 1890 errichtet und bot einen bequemen Aufenthalt bis zur Ankunft oder Abfahrt der Dampfer.

▶ Ein Salonschnelldampfer am Lloyd-Anleger, um 1890.

Eine der beliebtesten Reiseverbindungen nach Norderney war die Fahrt mit einem Salonschnelldampfer des Seebäderdienstes der Hamburg–Amerika-Linie und des Norddeutschen Lloyd ab Hamburg, Bremerhaven und Wilhelmshaven über See. „Man braucht kein Wasserfex zu sein, um der Seefahrt einen Hymnus zu singen. Eine kurze Reise zur See bietet an Bord eines Salonschnelldampfers des Reizvollen so viel, dass die Wahl zwischen Eisenbahn und Schiff nicht schwer fallen kann. Die Fahrt zur See ist gewissermaßen die Introduktion der nachfolgenden Kur, das Präludium der großen Symphonie, die uns überall an den Gestaden der Nordsee umrauscht.“ – Mit diesen wohlklingenden Sätzen wurde im „Führer des Königlichen Nordseebades Norderney 1913“ für die Anreise mit einem Salonschnelldampfer geworben.

▶ Die Badegäste kommen! Pferdekutschen am Hafen, um 1912.

Der westliche Teil des Ortes, aufgenommen von Schuchardts Hotel im Jahr 1879.

In der Bildmitte die Strandstraße, links die Mittelstraße. Im Hintergrund von links nach rechts: die Strandvillen „Marina“ (Graf von Knyphausen, Lütetsburg), Villa „Fresena“ (Generalmajor von Frese, Loppersum bei Emden) und die Villa „Wedel“ (Graf von Wedel, Evenburg bei Leer). Ganz rechts das „Königliche Strand-Etablissement“ – Hotel, Restaurant und Vergnügungsstätte, auch das „Kleine Kurhaus“ genannt.

Blick von Schuchardts Hotel auf den nördlichen Teil des Ortes, 1879.

Das Gebäude im Vordergrund ist das alte Pfarrhaus, welches 1898 durch einen Neubau ersetzt wurde. Dahinter befindet sich die neue Schule (1874 errichtet) mit dem Schulhof sowie die alte Schule (1836 erbaut, später erweitert). Rechts dieser Gebäude verläuft heute die Poststraße. Auf dem Gelände der alten Straße wurde 1886 das Rathaus der Gemeinde gebaut. Die hohen Gebäude im Hintergrund liegen an der Friedrichstraße.

▲ Das Hotel „Bellevue“, Inhaber Christian Kluin, aufgenommen 1878.

Das Hotel wurde 1857 vom Hotelier und Gastwirt Wiard von Brethorst errichtet. Christian Kluin errichtete 1886 an dieser Stelle den noch heute bestehenden, als „Nordseeklinik“ genutzten Neubau. Rechts daneben der bereits vor 1815 bestehende Gasthof des Schiffers und Schankwirtes Kruse, der „für Reisende von geringerem Stande oder mehr beschränkteren Vermögens-Umständen“ Kost und Logis bot.

► Louisenstraße, 1878.

Bauweise und der Straßenzustand erinnern ein wenig an den Wilden Westen Amerikas. Noch bis Mitte der 1880er Jahre bestimmten kleine eingeschossige Häuser mit Sattel- oder Krüppelwalmdach, in denen einige Zimmer zur Vermietung an Badegäste dienten, das Ortsbild. Veranden, zu dieser Zeit noch eine einfache, offene Holzkonstruktion und mit Segeltuch belegt, waren den Häusern vorgesetzt. Kleine Vorgärten unterstrichen den dörflichen Charakter der Straßen.

Die alte Inselkirche, aufgenommen vor 1877.

▲ **Die 1879 eingeweihte evangelische Inselkirche, um 1895.**

In alten Segelhandbüchern wird bereits vor 1580 ein im Westteil der Insel stehender Turm erwähnt, welcher den Seefahrern als Orientierungshilfe diente. Die Einwohner suchten darin Schutz vor Sturmfluten und Seeräubern, und sie stapelten darin das geborgene Strandgut – in früherer Zeit eines der wichtigsten Einnahmequellen der Insulaner. In diesem Wehrturm haben auch zunächst Gottesdienste stattgefunden, wobei ein Prediger erstmalig 1623 erwähnt wird. 1750 wurde ein Kirchenschiff angebaut. Der hölzerne Glockenturm war eine Stiftung des hannoverschen Kronprinzen Georg und seiner Frau Marie, die 1851 auch eine neue Glocke („Marienglocke") stifteten. Bis 1865 war die Inselgemeinde auf 1 408 Einwohner angewachsen, hinzu kamen während der Sommermonate mehr als 2 700 Badegäste, worauf es in der Kirche sehr eng wurde. „Namentlich im Winter ist sie daher nicht nur überfüllt, sodass darin eine lästige Luft herrscht, sondern es müssen auch viele aus derselben wegbleiben, die sie sonst doch wohl besuchen würden ..." Der Kirchenvorstand entschloss sich nun zu einem Neubau. 1878 wurde die alte Kirche zum Abbruch verkauft und an gleicher Stelle eine neue Kirche erbaut. „Die Kirche ist ein Backsteinbau im einfachen gotischen Stil. Das Gestühl bietet im ganzen 620 Sitzplätze. Das Gebäude ist 21,5 Meter lang, 13,5 Meter breit und das Kirchenschiff 12 Meter hoch. Der Turm hat eine Höhe von 25 Metern." – Am Tag der goldenen Hochzeit des Kaiserpaares, Wilhelm I. und Augusta, wurde die neue Kirche eingeweiht. Nicht von ungefähr, denn Kaiser Wilhelm I. hatte mit einem Geldgeschenk in Höhe von 50 000 Reichsmark den Bau erst möglich gemacht. Eine Tafel auf der Empore erinnert daran. Der bei der Kirche liegende Friedhof wurde zunächst in seinem alten Zustand belassen. Die letzten Bestattungen fanden hier 1874 statt. Je nach Vermögen befand sich auf dem Grab ein Grabstein, nach 1850 auch gusseiserne Kreuze, zumeist aber hölzerne Kreuze und Tafeln von erheblicher Länge. Dies, um das Kreuz, wenn der untere Teil verrottet war, weiter in das Erdreich drücken zu können.

◄ Die katholische Kirche „St. Ludgerus". Aufgenommen von der Friedrichstraße, um 1890.

Zunächst fanden katholische Gottesdienste in der Schule und dann auch in der evangelischen Kirche statt. Mit Spenden aus dem Rheinland und aus Westfalen sowie einem Zuschuss der preußischen Regierung konnte 1882 ein Grundstück an der Friedrichstraße erworben werden. 1884 fand der erste Gottesdienst in der neu erbauten Kirche statt, die dem „Apostel der Friesen", St. Ludgerus, geweiht ist. 1910 wurde die Kirche um eine Sakristei erweitert, 1912 dann das Pfarrhaus erbaut. Als erster Seelsorger der Gemeinde, die zunächst Kapellengemeinde von Norden blieb, kam 1909 Pfarrer Hermann Rothlübbers auf die Insel. Der katholischen Gemeinde gehörten 1910 nur 79 Personen an, 1933 dann 375 Personen. Nach dem Zweiten Weltkrieg stieg die Zahl von Katholiken durch den Zuzug vieler Vertriebener auf 700 an.

▲ Die 1878 eingeweihte Synagoge in der Schmiedestraße, um 1885.

Das besonders von Juden bevorzugte „Hoffmanns Hotel Falk" in der Bismarckstraße, links die Conditorei & Café Matz, um 1900.

Schon in den ersten Jahren nach Gründung des Seebades reisten jüdische Badegäste nach Norderney. Auch an der Unterhaltung und Versorgung der Badegäste beteiligten sich Juden. So leitete der Hamburger Samuel Hartog ab 1833 die Norderneyer Spielbank und bereits 1820 verkaufte der Norder Zuckerbäcker David Benedix Goldstein alljährlich während der Badesaison seine Waren auf der Insel. „Zugleich haben meine Töchter, welche in der Kochkunst wohlerfahren sind, dann und wann, auf dringendes Ersuchen von Badegästen israelitischer Religion und namentlich von angesehenen Familien aus Hannover, Hamburg, Berlin, Pohlen und Russland, für selbige den Mittagstisch besorgt und für sie zugekocht", worauf Goldstein 1840 auch die Einrichtung einer „israelitischen Garküche" beantragte. Um 1850 eröffnete Abraham von der Wall (Norden) eine Schlachterei mit Restaurant auf der Insel. Bis zur Jahrhundertwende ließen sich weitere Schlachter auf der Insel nieder, ebenso eröffneten jüdische Geschäfte, Pensionen und Kinderheime. Bereits 1874 richteten mehrere einflussreiche jüdische Kurgäste ein Gesuch „zur Förderung des Baues einer Synagoge auf Norderney für die das dortige Seebad besuchenden Juden" an das Finanzministerium in Berlin. Diese Synagoge wurde 1878 feierlich eingeweiht. Die Trägerschaft hatte die „Synagogen-Stiftung auf Norderney" inne, in der namhafte jüdische Badegäste vertreten waren. 1879 wurde die Stiftung von Kaiser Wilhelm I. anerkannt. Die Synagoge war nur während der Badesaison geöffnet, betreut wurde sie von einem ortsansässigen Synagogenverwalter. Nach dem Ersten Weltkrieg war dies Julius Hoffmann, der auch eine wichtige Rolle im öffentlichen Leben auf der Insel spielte. Sein Vater Heinrich Hoffmann hatte 1893 das in der Bismarckstraße liegende Hotel erworben, das zuvor Moses von der Wall gehörte. Das Hotel und ebenso die anderen jüdischen Pensionen, Restaurants, Geschäfte und Kinderheime mussten 1933/34 schließen, weil jüdische Badegäste auf der Insel nicht mehr erwünscht waren. Deshalb konnten auch keine Gottesdienste in der Synagoge mehr stattfinden, die schließlich im Sommer 1938 an einen Norderneyer Händler verkauft wurde.

In der Konditorei und dem Café von Erich Matz, Bismarckstraße 11, um 1905.

„Sie bietet den geehrten Gästen eine großstädtische Auswahl in den allerfeinsten Torten, Backwaren und Desserts. Spezialitäten: Knüppelkuchen, Findlinge, Baumkuchen, Fresenatorten, postfertig. Zwei große geschützte Glasveranden und ein Cafézimmer bieten ca. 130 Gästen Platz."

Die „Altdeutsche Weinstube“ von Lambert Borg in der Heinrichstraße, um 1900.

Sein Nachfolger, Wilhelm Homann, der zuvor bei „Borchardt“ in Berlin, bei „Shepheards“ in Kairo und in anderen namhaften Häusern die Restauration leitete, empfahl sich mit einer „vorzüglichen deutschen und französischen Küche“. Dazu wurden die Gäste mit Musik bekannter Kapellen und Solisten unterhalten. Später wurde das Restaurant in „Ewige Lampe“ umbenannt.

◀ Der Kaiser und seine Soldaten. Gruppenbild vor dem Kaiser-Wilhelm-Denkmal, um 1914.

Zur Erinnerung an die Reichseinigung von 1871 und zur Ehre des deutschen Kaisers, Wilhelm I., entstanden im damaligen Deutschen Reich, besonders nachdem Wilhelm im Jahre 1888 verstorben war, eine Vielzahl von Denkmälern. Die bekanntesten sind das Niederwald-Denkmal/ Taunus und das Reiterdenkmal Wilhelm I. am Deutschen Eck bei Koblenz. „Es war am 2. September 1889, als Herr Licentiatus Weber, Pfarrer zu Mönchen-Gladbach, während der kirchlichen Sedanfeier sich zu dem Gedanken der Errichtung eines Denkmals für unsern Heldenkaiser Wilhelm I. im deutschen Meere auf seiner schönsten und bedeutendsten Insel Norderney begeisterte.“ Ein Komitee wurde gegründet, Gelder gesammelt und ein erster Entwurf von Paul Wallot, dem Erbauer des Reichstagsgebäudes in Berlin, vorgelegt. Dieser Plan sah in Verlängerung der Bismarckstraße, unmittelbar auf der Promenade, einen hohen Obelisken vor, wofür das gesammelte Geld aber nicht ausreichte. In Anlehnung an diesen Plan wählte man nunmehr einen 15 Meter hohen Pyramidenbau, zusammengesetzt aus Steinen, die aus den verschiedensten Regionen des Reiches kamen. Diesen endgültigen Entwurf lieferte der Bildhauer Georg Küstardt aus Hannover. 75 deutsche Städte, Provinzen und Einzelstifter hatten bis 1898 die gewünschten Steine zur Insel transportieren lassen, und am 2. September des Jahres erfolgte die Grundsteinlegung. Bronzebüste, Gedenktafeln und der Adler von der Denkmalspitze wurden während des Ersten Weltkrieges zu Kanonen umgeschmolzen. Den Platz der Kaiserbüste nimmt seit 1936 eine von der Gemeinde Norderney gestiftete Möwe ein.

▲ Das 1899 erbaute Kaiser-Wilhelm-Denkmal am Kaiser-Wilhelm-Platz. Aufgenommen um 1910.

eedereien
order & Frisia.
Salon Böhrs
Berlin = Bremen
Norderney Westerland
ROGERIE.
Koppel-Weinberg
AMOL
CIGARREN
CHOCOLAT SUCHARD
Norddeutscher Lloyd Bremen

▲Beamte und Unterbeamte des 1876 eingerichteten Postamtes in der Strandstraße 5, heute die Buchhandlung Lübben. Aufgenommen 1890.

Ganzjährig hatte das Postamt um 1890, zunächst fünf Beschäftigte, während der Badesaison kamen mehr als zwanzig Beamte hinzu. Seit 1877 befand sich in diesem Gebäude auch das Telegrafenamt. Bereits 1858 hatte die Landdrostei Aurich verfügt, „den electromagnetischen Telegraphen von Hannover auf Emden weiter auf Norderney“ zu leiten. Die Statistik führt für das Jahr 1872 mehr als 11 100 ein- und ausgehende Depeschen auf, allein während der Badesaison 1874 wurden mehr als 165 000 Postsendungen befördert – zumeist „Grüße von Norderney“.

◀Die Poststraße, um 1910.

Rechts befindet sich das 1892 errichtete und 1908 erweiterte „Kaiserliche Postamt“, links das Fahrkartenbüro der Reedereien Norden und Frisia und im Hintergrund das „Hansa-Haus“ des Norddeutschen Lloyd, Bremen. Koppel-Weinberg: In diesem Gebäude befanden sich seit 1904 die „Vereinigten Warenhäuser“ von Joseph Koppel und Heymann Weinberg, die sich auch als Makler- und Immobilienhändler betätigten. Beide waren in Norden ansässig und hatten zuvor getrennt ein Manufakturwarengeschäft betrieben. In dem Gebäude befindet sich heute das Restaurant „La Mirage“, zuvor das Café Fröhle.

◀ Das 1888/89 erbaute Rathaus der Gemeinde Norderney, um 1905.

Mit der Entwicklung des Seebades und der Zunahme der Wohnbevölkerung (1890: 17200 Kurgäste, 651 Häuser, 3556 Einwohner) stiegen auch die Aufgaben der Gemeinde. Paul Berg aus Havelberg, von 1887 bis 1895 hauptamtlicher Gemeindevorsteher, ordnete die Gemeindeverwaltung neu, ließ das Rathaus bauen und war maßgeblich an den Entscheidungen zur Verbesserung der Infrastruktur, die eher einer größeren Stadt auf dem Festland entsprach, beteiligt.

▶ Ausrufer Johann Georg Christian König, um 1924.

Mitteilungen der Gemeinde und Seebadverwaltung bekannt zu geben war Aufgabe des Ausrufers, der einen der wenigen Dienstposten der Gemeinde bekleidete. Johann König, eine lokale Berühmtheit, bot zudem den Badegästen auf der Georgshöhe einen Blick durch das Fernrohr an, wodurch die großen Ozeandampfer, die benachbarten Inseln und abends Planeten „in ihrem vollen Kern“ zu sehen waren.

Luftbild mit dem Gaswerk in der Bildmitte, unten die Jugendherberge. Auf dem Gelände des Gaswerkes befindet sich heute das Wohngebiet „Lüttje Legde“. Aufgenommen um 1938.

Am 29. Dezember 1884 erteilte der Gemeindeausschuss dem Unternehmer Carl Francke aus Bremen die Konzession zur „Anlage einer Gasanstalt und zum alleinigen Recht, das Gas zur Straßenbeleuchtung zu liefern“. Die Einwohner standen diesem Fortschritt zunächst skeptisch gegenüber: „Die Vorzüge einer Gasanstalt sind vielen Einwohnern von Norderney noch nicht bekannt. Wenn auch die meisten Gasthöfe und einige Privathäuser schon das Leuchtgas eingeführt haben, die Hausbesitzer das Licht, die Sauberkeit und Bequemlichkeit zu schätzen wissen, so wird diese Anlage doch noch viel mit scheelen Augen angesehen. ... Viele Fischerfrauen und Mädchen, die in abgelegenen Straßen wohnen, verließen früher bei der schlechten Beleuchtung des Abends ihre Häuser mit Angst; das Want (Anmerkung: die mehrere hundert Meter lange Angelleine mit Haken) auf dem Kopfe tragend, mussten sie jeden Augenblick gewärtig sein, zu fallen.“

Der Bau des Wasserturmes, rechts im Bild der Städtische Schlachthof, aufgenommen 1929.

Um einer „Verseuchung des Bodens und damit eine Verschlechterung der Luft und des Trinkwassers“ vorzubeugen, hatte die Gemeinde bereits 1879 eine „geregelte Abfuhr von Kloaken und des Unraths aller Art“ eingeführt. Probleme warf aber weiterhin die Versorgung des Ortes mit Trinkwasser auf. 1884 entwickelte die Domänenverwaltung einen umfassenden Plan zum Bau einer Schwemmkanalisation und einer öffentlichen Wasserversorgung. Mit dem Bau wurde 1889 begonnen. Hochdruckdampfmaschinen pumpten das Wasser aus den Brunnen des Dünengeländes über einen Lüftungsturm, der sich auf der Kapdüne befand, in den Wasserspeicher, der in die Georgshöhe eingebaut worden war. Bereits vor dem Ersten Weltkrieg reichte der Wasserdruck für die höheren Gebäude des Ortes nicht mehr aus. 1929 wurde schließlich mit dem Bau eines 42 Meter hohen Wasserturmes begonnen, der im Laufe eines Jahres nach den Plänen des Oberregierungsrates Eggeling aus Aurich entstand.

Feinkostgeschäft von Hellwardt de Boer an der Kreuzung Knyphausen-, Winter- und Moltkestraße, um 1912.

Zwischen 1880 und 1900 veränderte sich das Stadtbild weitgehend: Wo zuvor kleine Fischerhäuser mit Vorgärten standen, kleine Logierhäuser das Straßenbild bestimmten, waren nun mehrgeschossige Bauten in den Spielarten des Historismus gebaut worden. Geschäftigkeit herrschte auf den Straßen, der Handel blühte, wobei die Händler ihren Wohlstand nicht versteckten, sondern auch in der Architektur ihrer Geschäftshäuser zum Ausdruck brachten.

▲ Blick in die Strandstraße, um 1910.

▶ Die Villa „Nordsee“ an der Knyphausen-/Tannenstraße, um 1930.

„Villa Nordsee – 100 Meter vom Familien-Badestrande entfernt. Von fast allen Zimmern herrliche Aussicht auf das Meer. Vorzügliche Referenzen. Frau Meta von Oterendorp.“ Dieses Haus gehörte mit zu den schönsten Gebäuden der Insel. Das muss auch der Osnabrücker Maler Felix Nussbaum (1904–1944), der heute als international anerkannter Maler der Exilzeit gilt, empfunden haben, der die Strandvilla unter dem Titel „Erinnerung an Norderney“ (1929) auf einem Gemälde festhielt. Dieses Bild befindet sich heute im Felix-Nussbaum-Haus in Osnabrück.

1896
VILLA NORDSEE.
PENSION

▲Die Strandvilla „Anhalt" in der Knyphausenstraße, um 1930.

▲Veranda der „Bremer Häuser" an der Kaiserstraße, um 1928.

Das exklusive Badepublikum des 19. Jahrhunderts erwartete neben einem mondänen gesellschaftlichen Leben auch repräsentative Unterkünfte. Besonders in der Zeit von 1880 bis zum Ersten Weltkrieg entstanden im Ort zahlreiche neue Gebäude, die das für Seebadeorte typische Formeninventar der „Seebäderarchitektur" aufwiesen. Loggien, Brüstungen, Veranden, Erker, Säulen oder Türmchen gehören zu diesen Ausstattungselementen. Die einfache, mit Segeltuch überspannte Veranda hatte sich zu einem geschlossenen Vorbau entwickelt, der einen Aufenthalt bei Kälte und Wind ermöglichte. Loggien spendeten Schatten, denn der Gast suchte noch nicht das Sonnenbad, da Blässe als vornehm und chic galt.

▲Haus Iderhoff, Benekestraße 2 – vormals Villa „Piqueurhof" von Heinrich Weingardt, aufgenommen um 1930.

„Vornehme Hotel- und Familienpension I. Ranges. Geräumige, modern eingerichtete Zimmer, z. T. mit Loggien und Balkonen, größtenteils mit Seeaussicht. Große geschlossene Speiseveranden."

Hotel Deutsches Haus
Hotel Deutsches Haus
Hotel Deutsche

▲Kutsche des Hotels „Deutsches Haus“, mit der die Gäste und das Gepäck vom und zum Dampfschiff gefahren wurden, um 1910.

◄Hotel „Deutsches Haus“, Wedelstraße 9/10. Heute befindet sich hier das „Haus der Insel“, um 1912.

Das „Deutsche Haus“ gehörte mit zu den ältesten Hotels der Insel und wurde in der hannoverschen Zeit von Friedrich Schmidt betrieben. Seit 1869 gehörte es Wilhelm Heitmüller, dessen Witwe später den aus Duderstadt stammenden Oberkellner Gustav Weidemann heiratete, der als erfolgreicher Gastronom das Hotel erweiterte, was sich als „Aeltestes Haus I. Ranges am Platze“ empfahl. Die 45 Zimmer waren stets gut belegt und die Küche genoss einen guten Ruf: „Table d'hôte 2 Uhr. Von 1 bis 4 Diners à part. Selbige werden sowohl im Saale wie auch im Garten und unter der Glas-Veranda serviert.“ Gustav Weidemann starb 1904, worauf das Hotel zunächst von seiner Frau und dem Schwiegersohn A. Seym und ab 1913 von anderen Inhabern weitergeführt wurde. 1936 erwarb die Gemeinde das Hotel und nutzte es für Wohnzwecke sowie als Büro- und Versammlungshaus. 1975 wurde das Gebäude abgebrochen.

▲ Bühne mit abgedecktem Orchestergraben, um 1905.

Der Bühnenvorhang zeigt den griechischen Gott Apollon auf dem Sonnenwagen. Geschaffen hat den Vorhang der Berliner Hofmaler D. O. Heyden.

▲ Das Foyer des Kurtheaters, um 1895.

◀ Das Kurtheater, aufgenommen um 1938.

Mit Lustspielen eröffneten im Sommer 1872 Schauspieler des Theaters in Hannover die Theatersaison auf Norderney. Die Aufführungen fanden im Conversationshaus statt, da es noch kein Theater auf der Insel gab. Die Initiative dazu ergriff der Besitzer des Hotels „Deutsches Haus“, Gustav Weidemann, der 1893/94 im Garten seines Hotels ein privates Theater erbauen ließ, das 500 Besuchern Platz bot. Den Entwurf lieferte der Architekt Johannes Holekamp aus Hannover. Als Vorbild für den 80 000 Mark teuren Bau diente das Theater in Karlsbad. Mit dem Lustspiel „Der Herr Senator“ wurde es am 1. Juli 1894 eröffnet. Die Direktion hatte Weidemann dem Eigentümer und Direktor des Residenz-Theaters in Hannover, Carl Waldmann, übertragen. Waldmann starb bereits 1897, danach wechselten die Direktoren und das Ensemble sehr häufig. Dem Zeitgeschmack entsprechend, umfasste der Spielplan auch in der Zeit bis zum Zweiten Weltkrieg vorwiegend Lustspiele, Schwänke, Schauspiele und Operetten. Die finanzielle Misere zu Beginn der 1920er Jahre wirkte sich auch auf das Theaterleben aus, was dazu führte, dass das Kurtheater nunmehr in den Besitz der Gemeinde Norderney überging. „Da heutzutage der Film allergrößte Zugkraft besitzt“, ließ der damalige Direktor Nikolai Schwarz, Kammersänger aus Berlin, „ein erstklassiges Kino“ in das Theater einbauen, „durch das moderne, erstklassige Filmschlager auch unserer weltabgelegenen, einsamen Inselbevölkerung dargeboten werden sollen“. Mit dem Lotte-Neumann-Großfilm „Der Mann ohne Herz“, der in der „Alhambra“ am Kurfürstendamm über sechs Wochen ausverkauft war, wurde am 24. Mai 1924 das Kinoprogramm im Kurtheater eröffnet.

Die Bülowallee mit „Schuchardts Hotel“ und dem Blumenpavillon der Gärtnerei Rieger, um 1913. Im Hintergrund das Hotel „Kaiser Franz Josef“ und „Simmerings Hotel“ an der Strandstraße.

Seit mehr als 200 Jahren wird im heutigen Hotel König, vormals „Schuchardts Hotel“, die Gastlichkeit groß geschrieben. In dem Haus wohnte zunächst der Vogt Johann Gerhard Feldhausen, der als Einziger auf der Insel eine Schankgenehmigung besaß und bereits vor der Seebadgründung erste Badegäste beherbergte. Das Haus wurde bis 1868 von der Familie Feldhausen/Hafner weitergeführt und dann von dem Oberkellner des „Deutschen Hauses“, August Schuchardt, erworben, der es zu einem Hotel „Ersten Ranges“ ausbaute. 1879 erhielt das Gebäude einen Turm, in dem ein kleines Glöckchen pünktlich um zwei Uhr zur „Table d'hôte“ rief. Schon damals war das Hotel ein beliebter Treffpunkt der Badegäste: „Der Marktplatz macht besonders abends durch die elektrische Beleuchtung des Basars und des Schuchardt'schen Hotels einen entzückend schönen Eindruck. Der große, in Eisen- und Glaskonstruktion erbaute Pavillon vor dem Hotel ist in den Abendstunden nach beendeten Konzerten und Theater einer der beliebtesten Sammelpunkte für Fremde.“ An berühmten Gästen speisten bei „Schuchardts“ der König Friedrich August III. von Sachsen mit Familie sowie der Großherzog von Oldenburg, als dessen Hoftraiteur sich August Schuchardt bezeichnen durfte.

Filiale der
Hut.Fabrik
LouisKörting Hannov

Blick vom Turm des Hotels „Schuchardt“ auf den Kurplatz mit Konversationshaus (Kurhaus) und dem Gebäude des „Bazars“ (rechts), um 1900.

Das Konversationshaus bildete den gesellschaftlichen Mittelpunkt des Badelebens und war eines der ersten Gebäude, welche südlich des Ortes nach Gründung des Seebades gebaut wurden. Dieses erste hölzerne und noch strohgedeckte Kurhaus, welches einen kleinen Kursaal und eine Billardstube enthielt, wurde aber bereits 1822 durch einen massiven Neubau ersetzt. Weitere Aus- und Umbauten, so auch die an der Nordfassade mit dorischen Säulen gebildeten Rundbogenarkaden, erfolgten in den späteren Jahren. „Im Königlichen Konversationshause sind Musik- und Spielzimmer, Lesezimmer, in denen eine lange Reihe von Zeitungen und Wochenschriften des In- und Auslandes ausliegt. Vornehme Restaurationsräume, Konzert- und Speisesäle stehen dem Kurgast zur Verfügung“, wie es in einem Gästeführer aus dem Jahr 1913 heißt. „Man könnte sich das Gebäude eher in die Klubstraße Londons, die Pall-Mall, versetzt denken als hierher, auf die kleine Sanddüne der Nordsee“, wie in der Zeitschrift „Über Land und Meer“ aus dem Jahre 1879 nachzulesen ist. Im zweigeschossigen Ostanbau befanden sich die Wohnung und die Diensträume des Königlichen Badekommissars, der nicht nur der Badeverwaltung vorstand, sondern auch zugleich Vertreter des Landdrosten – heute würde man Regierungspräsident sagen – in Aurich war.

Der Kur- oder Marktplatz mit dem Kurhaus, dem Konzertpavillon und der offenen Veranda des „Bazars", 1898.

„Für die elegante Welt auf Norderney fehlt es sogar nicht an ein paar Galanteriehandlungen, die, von Aurich im Sommer hierherziehend, ihre Buden auf der Wiese vor dem Konversationshaus aufschlagen." Hierin liegen die Anfänge des „Bazars", welcher 1837/38 nach Plänen von Blohm und des bekannten Baumeisters Laves aus Hannover gebaut wurde.

Beim Morgenkonzert auf dem Kurplatz, 1898.

Die Kurmusik hat auf Norderney eine lange Tradition. Zunächst waren es die Prager oder böhmischen Musikanten, die am Ortseingang die Badegäste mit Musik begrüßten und auf dem Kurplatz unterhielten. Diese Musik war nach 1855 nicht mehr gefragt. Für zehn Jahre stellte nun das Musikkorps des Kronprinz-Dragoner-Regiments die Badekapelle. Von 1865 bis 1895 war Karl Großkopf Kapellmeister des Königlichen Badeorchesters, welches sonntags im Soupersaal des Kurhauses, mittwochs und sonnabends am Herrenstrand bei der „Giftbude", montags und donnerstags Unterhaltungsmusik sowie dienstags und freitags Tanzmusik im Teesaal spielte. „Außerdem sind mehrere Concerte morgens gegeben, wenn gerade geeignete Künstler anwesend waren." 1896 gab Großkopf den Taktstock an den späteren Professor Josef Frischen ab, der bis 1938 das Kurorchester leitete. Dieses bestand mittlerweile aus fast fünfzig Musikern, zumeist namhaften Virtuosen aus den großen Hofkapellen. „Bald durfte ich denn auch die Gewissheit haben, das vielleicht beste Kurorchester ganz Deutschlands in der Hand zu haben." Regelmäßige Symphonie-Abende, dazu Konzerte mit namhaften Solisten, diese „gepflegten Veranstaltungen zogen bald die allgemeine Aufmerksamkeit auf sich und wurden zu einer Attraktion für Norderney ... und mancher hat seine Schritte nach Norderney gelenkt, um während seiner Erholungszeit seinen Musikhunger zu stillen", so Professor Frischen in einer Rückschau.

▲ Die Königliche Hof-Conditorei von Nicola Hoegel im Kleinen Logierhaus, 1910.

Das Gebäude war 1818 von der Badeverwaltung als Logierhaus für Badegäste errichtet worden. Seit 1877 befand sich darin die Königliche Hof-Conditorei von Nicola Hoegel aus Leer. Er durfte sich als „Hoflieferant Seiner Majestät, des Kaisers und Königs Wilhelm I." bezeichnen. „Herr Nicola Hoegel ist ein genialer Künstler in seinem Fach; sein Gefrorenes, sein Eis, namentlich aber seine Knüppelkuchen haben ihm einen weit verbreiteten Ruf verschafft und werden solche in England, Norwegen, Schweden, Italien, Österreich, Budapest gern verlangt ... Die Elite der Norderneyer Badegesellschaft besucht gern das Hoegel'sche Etablissement, und unser Justizminister, der Generalpostmeister Stephan Exc., sowie andere hervorragende Capacitäten gehören, wenn sie hier verweilen, zu den Gästen in der Hofconditorei." 1920 übernahm der Konditor Gustav Lehmkuhl das Café. Es wurde 1929 in das Bazargebäude verlegt, nachdem auf dem alten Grundstück mit dem Bau des Wellenbades begonnen wurde.

◄ Fototermin nach dem Frühkonzert, 1897.

Fotografen nutzten gerne die Möglichkeit, die beim Konzert anwesenden Zuhörer zu einer Gruppenaufnahme auf die Treppe des Kurhauses zu bitten. Als „Erinnerung an Norderney" war dieses Foto ein beliebtes Souvenir.

Der Königliche Badekommissar, Rittmeister a. D. Graf von Oeynhausen, in der Galauniform eines Königlichen Kammerherrn, um 1900.

Badekommissar Graf von Oeynhausen ließ nach seinem Amtsantritt (1893) eine Badepolizei aufstellen, die im gesamten Zuständigkeitsbereich der Badeverwaltung die erforderliche Sicherheit, Ordnung und Sauberkeit gewährleisten sollte. Zu den Hauptaufgaben der Badepolizei im Außendienst gehörten: Aufsicht am Strand, Kartenkontrolle am Seesteg und während der Kurkonzerte, Aufsicht in den Kuranlagen, besonders bei den Spielplätzen und beim Schießstand.

Atelieraufnahme von „Badepolizisten" der Königlichen Badeverwaltung, die auch als „Grünröcke" bezeichnet wurden, um 1900.

Die Auswahl des Personals erfolgte nach strengen Grundsätzen: untadeliger Ruf, gesunde wirtschaftliche Verhältnisse, gute körperliche Verfassung und Haltung. Es meldeten sich bevorzugt Norderneyer Bauhandwerker und Fischerleute, deren Gewerbe während der Saison ruhte. Auch durch ihre maßgeschneiderte, grünfarbene Uniform sowie ein umgeschnalltes Seitengewehr verschafften sie sich den erforderlichen Respekt.

Bedienstete der Königlichen Bade-Inspektion, um 1912.

Der Bade-Inspektion, die sich im „Alten Badehaus“ befand, unterstand die Verwaltung und Organisation des gesamten laufenden Badebetriebes. Ihr stand der Badeinspektor vor, der in der Hauptsache die Seebadekasse führte. Neben der Bade-Inspektion befand sich die Ausgabestelle für Badekarten und Kurkarten, Letztere berechtigten zur Benutzung der Bäder, des Lesezimmers sowie der Konzerte und Tanz-Réunions. Zu den Beamten der Seebadeanstalt gehörten auch mehrere Königliche Badeärzte, der Garteninspektor sowie der Strandvogt. Mit 140 bis 160 Hilfskräften war die Badeverwaltung der größte Arbeitgeber auf der Insel, wobei die Mehrzahl der Beschäftigten nur während der Saison ihren Dienst tat. Dazu gehörten das Strandpersonal, die „Badepolizisten“ und „Kurtaxheber“, Wäschefrauen und Bedienstete im Badehaus für warme Bäder.

Hotel Bellevue

▲Der Kaffeegarten zwischen dem Kurhaus und dem Großen Logierhaus (Kurhotel), 1896.

◀Blick über die Polderweide auf das Große Logierhaus, Hotel „Bellevue“ und die Wartehalle, 1898.

Das Große Logierhaus, auch Palais genannt, wurde „zur Unterbringung fürstlicher Personen in passender Weise“ 1837 fertig gestellt. Den Anstoß dazu lieferte der im Vorjahr erste Inselaufenthalt des Herzogs von Cumberland, seit 1851 nun König von Hannover. Bis 1865 diente das Große Logierhaus der königlichen Familie alljährlich für einige Wochen als Sommerresidenz. In preußischer Zeit gehörten zu den Gästen in diesem Hause der preußische Kronprinz Friedrich Wilhelm, als Friedrich III. 1888 auch deutscher Kaiser, ebenso der Fürst zu Schaumburg-Lippe, wogegen der König von Sachsen die „Bremer Häuser“ vorzog. Im Sommer 1904 war im Logierhaus die russische Delegation unter der Leitung des russischen Ministerpräsidenten, Graf Sergej Witte, untergebracht, der hier mit dem deutschen Reichskanzler Fürst von Bülow sowie hochrangigen Staatsräten den deutsch-russischen Handelsvertrag aushandelte. Eine Gedenktafel in der Hotelhalle erinnert daran. Das Hotel „Bellevue“, ein „Haus I. Ranges“, war 1886 von Christian Kluin neu erbaut worden, zuvor befand sich an dieser Stelle ein gleichnamiger Hotelbau, den der Hotelier und Gastwirt Wiard von Brethorst 1857 errichten ließ.

◄Hürdenrennen am Strand, 1895.

Am 27. August 1893 eröffnete der Ehrenpräsident des Rennvereins für Oldenburg und Ostfriesland, Graf zu Inn- und Knyphausen, im Beisein des Regierungspräsidenten Graf zu Stolberg-Wernigerode, der Königin von Württemberg und anderer Vertreter der Aristokratie, das erste Renn- und Fahrfest auf der Insel. Der Erfolg dieser Veranstaltung führte im Jahr darauf zur Gründung des „Renn-Vereins zu Norderney". Dieser Verein sah es als seine Hauptaufgabe an, „durch Abhaltung von Rennen während der alljährlichen Badezeit zu Norderney dem auswärtigen Publikum die Leistungsfähigkeit des ostfriesischen und oldenburgischen Pferdeschlages vorzuführen". In späteren Jahren wurden die Aktivitäten des Vereins auch auf andere Sportarten erweitert. Die Pferderennen fanden zunächst am Strand statt, ab 1912 auf dem neuen Renn- und Sportplatz an der Hafenstraße. Dieser Sportplatz war ausgestattet mit Bahnen für Trab-, Flach-, Hürden- und Jagdrennen, einem „Flieger- und Polo-Platz", Fußballplatz, „Gondel- und Eislaufplatz" sowie einer „Freiluft-Schwimm- und Bade-Anstalt". Die Tribüne des Rennplatzes fasste 1 200 Personen. Darin untergebracht waren ferner das „Sportplatz-Café", die Rennleitung und ein Totalisatorbetrieb. 1936 wurde der Rennplatz im Zuge des Fliegerhorstausbaues beschlagnahmt, worauf sich der „Renn- und Sportverein" auflöste.

◄Galopprennen auf dem Sportplatz an der Marien-/Hafenstraße, um 1913.

Die Seeflugstation Norderney im Ersten Weltkrieg, 1917.

Im Vordergrund die Ablaufbahnen der Wasserflugzeuge, die Flughallen und die Marineflieger-Kaserne, dahinter die große Grünfläche des „Renn- und Sportplatzes" zwischen Marien- und Hafenstraße. Hinter der Mühle befinden sich die Gebäude des Wasserwerkes, daneben der Schlachthof, verbunden mit einer „Fabrik zur Herstellung von keimfreiem Kristalleis", die Strandkorbschuppen der Badeverwaltung sowie die „Desinfektionsanstalt", ganz rechts das Gaswerk.
Bei der 1. Norderneyer Sportwoche im August 1910, veranstaltet vom Renn- und Sportverein, wurden als besondere Attraktion erstmalig Schauflüge mit Voisin-, Wright- und Gradefliegern der „Ikarus-Gesellschaft" vorgeführt. Das als „größtes Ereignis für Ostfriesland" bekannt gemachte Schaufliegen lockte allein vom Festland mehr als 3 000 Menschen an. Der Ausbruch des Ersten Weltkrieges forcierte auch in Deutschland die Entwicklung und die Serienproduktion von Flugzeugen, wobei auf Norderney der größte Seefliegerhorst an der Nordseeküste entstand. Zivilen Zwecken zugeführt, eröffneten die Deutsche Luftreederei und die Lloyd Luftverkehr Sablatnig GmbH 1921 hier den Flugdienst, zunächst mit Rundflügen und Flügen zu den Nachbarinseln. 1922 gründeten die Gemeinde Norderney, das Land Bremen und die Lloyd-Luftdienst GmbH die Flughafengesellschaft Norderney mit dem Ziel, die ehemalige Seeflugstation zum internationalen Seeflughafen und für den Seebäderflugdienst auszubauen. 1925 wurden die ersten Linienflüge zwischen Bremen und Norderney durch die Junkers Luftverkehr AG und Bremer Luftverkehr GmbH aufgenommen.

Ansicht der Viktoriastraße, um 1895.

Hohe Dünen schützten den Ort bei schweren Sturmfluten vor Überflutung und Zerstörung. Aber immer wieder spülte die See nördlich und westlich des Inseldorfes größere Dünenareale fort. Besonders die Sturmflut in der Sylvesternacht 1854/55 sorgte für große Strandverluste und Dünenabbrüche. Weitere Abbrüche könnten die Existenz des Ortes gefährden. Nun wurde mit dem Bau einer Strandmauer begonnen, die aber bereits durch die Februarsturmflut 1858 zerstört wurde. Erst eine von Baurat Tolle entworfene Strandmauer widerstand den höchsten Fluten und erwies sich als wirksamer Schutz gegen das Meer. Mit dem Bau dieses massiven Deckwerkes wurde 1859 auf einer Länge von 900 Metern begonnen und in den Folgejahren auf 2500 Metern verlängert. Erst der Bau dieser Deckwerke ließ eine Erweiterung des Inseldorfes nach Westen und Norden zu – die Louisenstraße, der Damenpfad, die Viktoria- und Kaiserstraße wurden bebaut. Mit dem Bauboom entstand besonders an der Viktoriastraße und Kaiserstraße eine geschlossene Front von Logierhäusern und größeren Hotels, die den Ansprüchen der Gäste nach Unterkünften „mit Seeblick“ gerecht wurden.

Promenade am Weststrand mit Strandleben, um 1905.

Mit dem Bau von massiven Deckwerken wurde nicht nur ein wirksamer Schutz gegen die zerstörende Kraft der Wellen bei Sturmfluten erreicht, sondern auch eine Promenade – eine „Wandelbahn am Meer" – geschaffen. „In keinem deutschen Nordseebade ist den Gästen in so weit reichendem Maße die Möglichkeit gegeben, abgesehen von der Heilwirkung der Seebäder, durch eine Luftkur dem von modernen Geschäftsleben angestrengten Körper neue Kräfte zuzuführen wie in Norderney", so ist in einem Norderney-Prospekt aus dem Jahr 1900 nachzulesen. Seit 1889 war die Promenade auch elektrisch beleuchtet. Dies wurde nicht als Luxus empfunden, sondern „dient vornehmlich der Gesundheit, indem sie den am Strande Promenierenden bis in die Nacht hinein Gelegenheit bietet, die reine, belebende und vor plötzlichen Wetterstürzen geschützte Seeluft zu genießen. Niemand wird die von Musik, Licht und Glanz erfüllten Abende am Meer vergessen, wenn er nur einmal die sich in einer Länge von über 2 500 Metern erstreckende Promenade zur Zeit der am Strande stattfindenden Abendkonzerte besucht hat und sich inmitten einer glänzenden internationalen Gesellschaft von den Sorgen der Alltäglichkeit befreit fühlte."

Strandleben am Weststrand, um 1912.

An der Promenade die Strandvillen „Contessa“ (Besitzer: Generalleutnant Graf Günther von der Groeben), die Seenotrettungsstation und die Strandvillen „Mathilde“ (Besitzer: Dr. med. Eugen Weber, Berlin) und „Olga“ (Besitzer: Justizrat Kusenberg, Berlin). 1924 und 1928 erwarb Hugo Pique die beiden Strandvillen und führte sie als Dependancen seines gleichnamigen Hotels in der Adolphsreihe. Seit 1975 ist in den beiden Strandvillen das neue Strandhotel „Pique“ eingerichtet.

▶ **Picknick in der Sandburg, um 1908.**

71

▲ Blick von der Bootsbrücke auf die Strandvillen am Weststrand, um 1910.

Links die Villa „Wedel", die Graf Wedel, Evenburg bei Leer, erbauen ließ. Als Villa „Edda" von 1908 bis 1914 Sommersitz des Reichskanzlers Bernhard von Bülow. 1921 bis 1981 Kinderheim Wanne-Eickel. Daneben die Villa „Fresena", heute „Belvedere am Meer". Sommersitz der Familie von Frese, Loppersum bei Emden, die nach 1900 in Wedel'schen Besitz überging. In diesem Haus wohnte Reichkanzler von Bülow in den Jahren 1901 bis 1907, bevor er in die benachbarte Villa „Wedel" umzog. Rechts die Villa „Marina", 1870 vom Grafen von Knyphausen erbaut, dann als „Alte Teestube" betrieben. 1972 abgebrochen.

◀ Bootsbrücke am Weststrand, um 1900.

Während der Sommermonate diente die Holzbrücke an der Buhne als Anleger für Lustfahrboote, mit denen Badegäste Ausflüge zu den Nachbarinseln oder Fahrten in die See unternehmen konnten.

Blick vom Seesteg auf den Nordweststrand mit der Strandkorbkolonie, 1898.

Bei den Gebäuden an der Promenade handelt es sich um den Strandkorbschuppen (links), die Marienhöhe und das Königliche Strand-Hallen-Etablissement (rechts). Königin Marie von Hannover ließ 1850 auf der hohen Düne oberhalb des Damenbadestrandes einen Holzpavillon errichten. Dies zu Ehren Heinrich Heines, der 1825 bis 1827 die Insel für einige Wochen besucht hatte. Auf der Marienhöhe fanden kleinere Feiern, Picknicks und Kaffeestunden statt, bei schlechtem Wetter in einem Zelt unterhalb der Düne. 1868 errichtete hier der ehemalige Tafeldecker im Konversationshaus, Rudolf Bruns, in einem „eleganten Bretterhaus" ein Café, „in dessen tapezierten Räumen man recht wohnlich sitzt". „Wer aber auf der Spitze der Marienhöhe bleiben will, um die freie Aussicht zu genießen, dem werden die Bedürfnisse durch einen Kellner hinaufgeschafft, während der Badestunden indessen geschieht die Bedienung wegen des anliegenden Damenbadestrandes, und da dann nur Damen sich dort aufhalten, durch weibliche Personen." Der aus Königsberg stammende Küchen- und Konditormeister Ernst Radtke verlegte 1920 das Café in den Holzpavillon, der im Winter 1922/23 durch ein massives Gebäude ersetzt wurde.

1872 ließ die Königliche Seebadeverwaltung ein zweites Conversationshaus errichten, welches wegen seiner Lage, Größe und Ausstattung, „die bis dahin unwirthliche Düne zu einem kleinen Paradiese für das civilisierte Europa" machte,

wie ein Chronist damals schrieb. Ausgestattet war das Haus mit Mieträumen, mit „Salons zu Déjeuners, Diners und Soupers", hinzu kamen Lese- und Billardzimmer. Auch das Damenzimmer, „mit Meubles von rothem Plüsch und imitirtem Ebenholz" wurde „als ein Wunder von Comfort und Schönheit" gepriesen. Wenige Jahre nach der Einweihung erweiterte man das Gebäude um eine halbkreisförmig angeordnete Glashalle, um die Konzerte der Badekapelle ungestört genießen zu können. Erster Weltkrieg und Inflationsjahre bescherten dem Haus zunächst wenig Erfolg, erst mit der Übernahme durch Otto Haselhoff wurde das Hotel „Astoria", so hieß es nach 1919, wieder zu einem beliebten Treffpunkt der Badewelt. Haselhoff, als „König vom Steinplatz" ein bekannter Dortmunder Kabarettbesitzer, engagierte bekannte Tanzkapellen, Sänger und Kabarettisten. Eine im Freien geschaffene Tanzfläche gab dem Unternehmen den Namen „Roter Teppich". Mit Ausbruch des Zweiten Weltkrieges musste das Haus schließen und wurde nach 1946 als „Staatliche Strandhallen" wieder eröffnet. Im Laufe der Zeit baufällig geworden, ließ die Kurverwaltung das Gebäude, von dem es einst hieß, „ es gäbe an der europäischen Nordseeküste keinen vergleichbaren Prachtbau", im Jahre 1975 abreißen.

450
112
270
64
276
115
6
750
283
736
564
263

▲So genannte „Einsitzer“ am Damenbadestrand, 1880.

◀Die Strandkorbkolonie am „Neutralen Strand“ vor der Viktoriahalle, um 1895.

Als Erfinder des Strandkorbs gilt immer noch der Rostocker Korbmacher Wilhelm Bartelmann. Im Frühjahr 1882 ließ eine rheumakranke ältere Dame bei ihm eine vor Sonne und Wind schützende Sitzgelegenheit für den Warnemünder Strand anfertigen, welche einem aufrecht stehenden Wäschekorb ähnelte. Gegen den Erfindungsgeist Bartelmanns spricht jedoch, dass bereits vor 1878 Strandkörbe auf Norderney gebräuchlich waren. So berichtet der Norderney-Gast Lammers in einem Reisebericht, abgedruckt 1878 in der „Nordwestlichen Wochenschrift für das öffentliche Leben“, über den Norderneyer Strand: „Zum Wandel lockt da ein Boden, den nichts übertreffen kann, so glatt und fest und trocken und elastisch zugleich ist der zur Ebbezeit bloßliegende, von der Flut bespülte Sand; das Sitzen in der leicht zu kalten Seeluft machen die Strandkörbe, die neben Scheveningen nur Norderney kennt, mit ihrem Doppelschutze gegen Wind und Sonne nicht minder angenehm.“ Bereits 1876 hatte das „Korb- und Korbmöbel-Geschäft“ von J.G. Steinlandt aus Norden auf der Insel eine Filiale eröffnet und empfahl „Strandkörbe zu den billigsten Preisen“. Laut den „Taxen der Königlichen Seebade-Anstalt zu Norderney“ wurden 1876 bereits Ein- und Zweisitzer zur Miete angeboten. Der Strandkorb erfreute sich als „Logenplatz“ zunehmender Beliebtheit, sodass um 1900 mehr als tausend Strandkörbe in der „Strandkorbkolonie“ standen.

Seesteg mit Strandkorbkolonie und „Buhnengemeinde", im Hintergrund ein auslaufender Seebäderdampfer, 1905.

Mit dem Bau der Promenade entstanden auch die ersten Buhnen, auf denen sich die „Buhnengemeinde" versammelte, um im Liegestuhl der Licht- und Luftkur zu frönen. Diese Gepflogenheit gab den Anstoß zum „Projekt von amphitheatralischen gedeckten Sitzplätzen auf den Buhnen". 1888 forderte die „Versammlung der Kurgäste" die Königliche Regierung auf, Einrichtungen ähnlich den englischen Piers zu schaffen. „Das Badepublikum hegt die Gewissheit, dass erst eine derartige Anlage die Eigenschaft von Norderney als Luftkurort zur vollen Geltung bringen und eine erhöhte Zugkraft verleiht." Nach zähen Verhandlungen konnte der Seesteg endlich zu Beginn der Saison 1895 eingeweiht werden. „Er ist ganz aus Schmiede- und Gusseisen zusammengesetzt, nur der Belag ist aus Brettern gebildet; der ganze Oberbau wird im Herbst abgenommen und unter Dach gebracht. Nur die Grundsäulen, die etwa vier Meter tief in den Sand eingebohrt sind, bleiben auch im Winter stehen ... Die Wandelbahn führt in einer Breite von 4,5 Meter ungefähr 175 Meter weit in die See hinein. Am Ende ist ein Quersteg von etwa 90 Meter Länge und 6 Meter Breite vorgebaut, der sich in der Mitte und an beiden Enden zu Plattformen von 16 bis 17 Meter im Viereck erweitert. Auf diesen Plattformen, die etwa 2 Meter über Hochflut liegen, können die Kurgäste ruhig über den dahinstürmenden Meereswellen thronen und die von den Brandungswellen zerstäubten Salzteile einatmen, denen eine so besondere Heilkraft zugeschrieben wird." Für den Aufbau benötigte die Firma Kleen aus Großheide ungefähr sechs Wochen, für den Abbau im Herbst vier Wochen. Nachdem im Oktober 1928 bei der Strandung einer Baggerschute mehr als neunzehn Gründungspfähle abbrachen, verzichtete die Badeverwaltung auf einen Wiederaufbau.

Blick vom Seesteg auf die Kaiserstraße, um 1905.

Bei dem hohen Gebäude links des Seesteges handelt es sich um das 1892 von dem Hoffotografen Edmund Risse errichtete Hotel „Germania“. Zuvor stand hier das „Kroll'sche Etablissement“ – ein beliebter Treffpunkt des Adels, der Literaten und von Politikern unter den Badegästen. Edmund Risse, gebürtig aus Hannover, kam bereits vor 1860 regelmäßig während der Badesaison auf die Insel und empfahl sein „zur größten Zufriedenheit der hohen Herrschaften geführtes Geschäft, zur Anfertigung von Album-, Cabinet- und Medaillonbildern“. Auch die Fotohandlung und das Atelier befanden sich in dem Hotelgebäude. 1912 kaufte Ferdinand Hartmann, der zuvor in Brüssel und Ostende tätig war, das Hotel und führte es als „Vornehmes Familienhaus I. Ranges“. Das helle Gebäude daneben war die Strandvilla des Sanitätsrates Dr. Kruse. In dem Holzgebäude rechts daneben, vom Bauinspektor Nienburg im „Schweizer Stil“ entworfen, befand sich die Buchhandlung und Lesehalle von Hermann Braams aus Norden. Mehr als 200 deutsche und ausländische Zeitungen und Wochenblätter konnte er seiner Leserschaft anbieten. Das Gebäude an der Promenade rechts des Seesteges war die „Viktoriahalle“. Der Vorläuferbau diente als „Strandwartehalle“ des Damenbades und durfte in den Vormittagsstunden nur von weiblichen Gästen besucht werden. Der Kaufmann Theodor Hirsch aus Hannover erbaute nach 1903 an dieser Stelle ein viel gerühmtes Restaurant, welches 800 Gästen Platz bot. Die Sturmflut im Jahre 1936 zerstörte die „Viktoriahalle“ und auch die Braam'sche Lesehalle.

▲ Der westliche Teil der Kaiserstraße, um 1932.

Im Hintergrund die ehemalige Strandvilla des Sanitätsrates Dr. Kruse, nun im Besitz des Kaufmanns Max Siede, daneben der Pavillon des Berliner Scherl-Verlages („Berliner Anzeiger"), nach 1935 „Milch-Trinkhalle". Tennis wurde zunächst am Strand gespielt, nach 1895 auf den Tennisplätzen vor der Kaiserstraße.

◀ Ansicht der Kaiserstraße zwischen Damenpfad und Bismarckstraße, 1898.

Wo noch bis in die 1870er Jahre Dünen und Inselgärten lagen, entstand in den Folgejahren Norderneys Prachtstraße – die Kaiserstraße. Während im westlichen Verlauf vorwiegend wohlhabende Norderneyer Fischer ihre Logierhäuser errichteten, entstanden im östlichen Straßenverlauf exklusive Hotelbauten, deren Besitzer nicht von der Insel stammten und bereits zuvor namhafte Häuser geführt hatten. So auch der aus Bassum stammende Heinrich Kohlstedt und der aus Varel gebürtige Carl Gramberg, die mit dem „Kaiserhof" und den „Kaiserhof-Villen", das „größte Hotel am Platze", welches mit „allem Comfort der Neuzeit" ausgestattet war, betrieben. Ebenso waren sie Pächter der „Giftbude" an der Georgshöhe sowie Besitzer der Dünenhalle „Wilhelmshöhe". Zwischen dem „Kaiserhof" (auf dem Foto links) und dem Strand-Hotel „Europäischer Hof", ebenso ein Haus „allerersten Ranges", lag die Villa des Verlegers Dr. Gustav Müller-Grote aus Berlin. Dieses Haus, welches, aus Holz gefertigt und mit einem Zwiebelturm versehen, eher in süddeutsche Gefilde passte, war – wie bereits die „Braam'sche Lesehalle" – von Bauinspektor Nienburg entworfen worden, der auch Architekt des Seehospizes „Kaiserin Friedrich" war.

Der Badestrand vor der Kaiserstraße, im Vordergrund der Damenbadestrand, um 1900.

▲ Die „Giftbude“ an der Georgshöhe, 1904.

„Das größte, bewegteste Leben findet man bei Tage am Strand. Es ist unstreitig der Glanzpunkt der ganzen Insel und neben dem Meere die eigentliche Quelle des Lebens, der Unterhaltung der Zerstreuung. Die Hälfte der ganzen Badezeit wird am Meeresstrand zugebracht, und Norderney hat alle Ursache, auf seinen Strand stolz zu sein“, berichtete das „Kasseler Journal“ im Jahre 1885. An anderer Stelle ist zu lesen: „Dreierlei ist es nun hauptsächlich, was den Strand zu dem werthvollsten Bestandtheile der Insel macht: der elastisch weiche Boden, die balsamische, erquickende Luft und der stete Anblick des Meeres. Auch der schönste Rasenteppich vermag dem Fuße nicht eine so bequeme Bahn zum Gehen darbieten wie diese Sandebene.“ Seit 1883 befand sich auch das „Damenbad“ am Nordstrand, vom „Herrenbad“ durch eine „Neutrale Zone“ getrennt. Während sich die Damen mit „Lachs und Portwein, Honigkuchen und Knüppeltorte“ in der „Viktoriahalle“ stärken konnten, stand den Herren die unterhalb der „Georgshöhe“ liegende „Giftbude“ zur Verfügung. Aber auch außerhalb der Badezeit war die von Kohlstedt und Gramberg betriebene Restauration ein beliebter Treffpunkt des Badepublikums und verfügte über eine exzellente Küche sowie ein vielfältiges Getränkeangebot. „Die gedeckten Terrassen gestatten den herrlichsten Ausblick, sei es Sturm, Regen oder Sonnenschein. Man hat hier oben, wie nirgends, so recht Gelegenheit, die wechselnden Vorgänge in der Natur und speziell auf dem Wasser zu beobachten: das Segeln der Lustböte, das Aus- und Einpassieren der großen und kleinen Dampfer und so weiter.“ Über die „Giftbude“, dessen Name sich von „Gabe“ ableitet, wurde weiter geschrieben: „Sie ist das Rendesvouz aller Junggesellen von Norderney, und nicht selten gab sie innerlich denen Stärkung, die sie durch ein kaltes Seebad äußerlich nicht finden konnten.“ 1934 wurde die „Giftbude“ abgebrochen und der Name auf die im „Westbad“ befindliche Restauration übertragen.

◀ ▲**Badekarren und -wärter des Herrenbadestrandes, 1879.** ▲**Der „Gruß des Meeres“, 1895.**

Zum Baden bediente man sich des Badekarrens, der, den örtlichen Strandverhältnissen angepasst, aus der „Bathing Machine“ der englischen Seebäder entwickelt worden war. Das Gefährt bestand aus einem hölzernen Oberbau, der auf vier großen Holzrädern ruhte. Für den Transport des Karrens zum Strand bediente man sich der Pferde, am Strand der Kraft der Karrenschieber („Blauhosen“). Die Inneneinrichtung bestand aus zwei Bänken, diversen Kleiderhaken und einem Spiegel. Mit einer kleinen Glocke konnten die Badediener („Rothosen“) herbeigerufen werden. Auf der „Seeseite“ des Karrens befand sich anfänglich auch eine Markise, die während des Bades herabgelassen werden konnte und vor den Blicken anderer Badegäste schützte. Bei der den Männern „gewöhnlich eigenen größeren Dreistigkeit und freien Bewegungsweise“ wurde dieser Sichtschutz schon bald nicht mehr verwendet. Für ein Bad im Meer erhielt der Badegast zunächst eine „Contremarke“ beim „Billetannehmer“, um nach Aufruf dieser Nummer den frei gewordenen Badekarren gleich zu betreten oder sich „Huckepack“ vom Badewärter über den feuchten Sand zum Karren tragen zu lassen. „Ein bisweilen unendlich komischer Anblick, namentlich wenn der Reiter ein steifer pedantischer Professor ist oder ein gichtischer General, der auf seinem Schlachtross zu sitzen glaubt“, wie ein aufmerksamer Beobachter spöttisch anmerkt. Hatte man über eine kleine Treppe den Karren verlassen, so wurde man zunächst von einem Schwall Wasser getroffen, den der Badediener mit einem Eimer über Kopf und Nacken des Badenden goss und dem Badegast so den „ersten Gruß“ des Meeres und die nötige Abkühlung brachte. Nun musste es dem Badegast nur noch gelingen, den heranrollenden Wogen zu widerstehen. „Kühn geht nämlich der Unerfahrene der anstürmenden Woge entgegen, ihr die starke Heldenbrust darbietend. Aber die brandende Woge ... wirft den kühnen Stürmer zu Boden und spült ihn mit den Beinen hoch in der Luft an den Strand ... Der Gestrandete kriecht mit geschlossenen Augen – wegen des beißenden Seewassers – auf Händen und Füßen ein Stück landeinwärts und wagt erst im seichtesten Wasser, sich wieder aufzurichten – um von neuem dasselbe unglückliche Experiment zu wagen.“ Das Ganze geschieht „zum großen Ergötzen der am Ufer auflauernden Zuschauer, welche dem Unglücklichen ein schadenfrohes Gelächter zuschicken“, wie unser Chronist anmerkt. Eine besondere Badebekleidung gab es am Herrenbadestrand nicht, erst zu Beginn der 1880er Jahre wurde die Badehose oder der Badeanzug zur Pflicht.

39

◀ **Badekarren mit herabgelassener Markise am Damenbadestrand, 1882.**

▲ **So kam man trockenen Fußes zum Badekarren, 1880.**

▲ **Badefrau am Damenbadestrand, 1878.**

In der Zeitschrift „Über Land und Meer“ wurde 1878 über das Baden auf Norderney geschrieben: „Wie in den englischen Seebädern, so baden auch hier die beiden Geschlechter getrennt ... Man wird diese strenge Trennung begreiflich finden, wenn man erfährt, dass es in Norderney weder die schweren, unbequemen Flanellkostüme von Ostende noch sonst ein Kleidungsstück gibt, das einem im Bade lästig werden könnte, und dass Damen und Herren mit einem Wort in einem adamitischem Kostüme baden – eine Einrichtung, die für den ersten Moment großes Entsetzen, bei reiflicher Überlegung aber desto größeres Behagen hervorruft. Norderney geht mit dieser vortrefflichen Sitte allen anderen Seebädern voran, denn nur auf diese Weise kann man den Vollgenuss der Meeresumarmung empfinden.“ Sanitätsrat Dr. Flügge, ehemals Badearzt auf Norderney, merkt in seinen „Verhaltensregeln“ zur Badekleidung an: „Eine jede Bekleidung im Bade, womit sich namentlich die Damen gern zu versehen pflegen, ist nachtheilig und der vollen Wirkung des Bades hinderlich. Nur das Haupthaar darf man zusammendrehen und in Wachstaffent einwickeln, sodass es vom Seewasser nicht durchnässt wird.“ Flügge bedauert, dass in den deutschen Seebädern die Sitte Fuß fasst, den Damen während des Bades ein vollständiges Kostüm aufzuzwingen. – Um den Blicken der Männerwelt zu entgehen, befand sich das Damenbad in gehöriger Entfernung vom Herrenbad. Eine aufgezogene rote Flagge, der „Moralwimpel“, zeigte die Badezeit im Damenbad an. Zusätzlich befand sich auf der Promenade eine Sperre mit der Aufschrift „Durchgang für Herren verboten“. Dass zu dieser Zeit Frauen als Aufseherin, Schwimmerin und Badefrau Dienst taten, versteht sich. Während sich die Männer bereits frühzeitig vom Badekarren lösten, bedienten sich die Damen noch längere Zeit der herunterklappbaren Markise am Badekarren. Dr. Flügge war auch aufgefallen, dass die Damen „in möglichster Nähe ihrer Karre sich niedersetzen, wohl zehn Minuten lang in einem ängstlich raschen Tempo aus einer kauernden Stellung in die Höhe springen und dann Wunder meinen, was sie gethan haben. Die Kräfte erschöpft’s sicherlich, aber ein Seebad ist das nie zu nennen“, tadelte der Badearzt. Er empfahl, dass die Frauen „allein und mit eigenen Kräften den Kampf mit den Wellen bestehen; nach einer jeden Welle muss sie sich bestreben, ihre körperliche Kraft und ihr Gemüth zu sammeln ... und furchtlos einer neuen Welle entgegenzusehen.“

Im Familienbad, 1909.

Im Gegensatz zu den deutschen Seebädern wurde an den italienischen, französischen, belgischen und holländischen Stränden bereits „gemischt" gebadet. Weniger moralische, vielmehr wirtschaftliche Gründe waren es schließlich, die nach der Jahrhundertwende auch in den deutschen Nord- und Ostseebädern zur Einrichtung von Familienbädern führten. Denn immer mehr Reisende aus dem Rheinland bevorzugten wegen des gemeinschaftlichen Badens die belgischen und holländischen Seebäder. Mit einer kurzen Ansprache vor dem Badepersonal wurde durch den Badekommissar Graf von Oeynhausen das Norderneyer Familienbad am 15. Juli 1909 eingerichtet. Laut Badeordnung war „die Benutzung nur Mitgliedern ein und derselben Familie erlaubt, die zugleich erscheinen und zusammen baden wollen. Ein einzelnes Mitglied aus einer Familie wird zum Baden am Familienbadestrand nicht zugelassen." Das gemeinschaftliche Baden war für Männer und Frauen nur gestattet, wenn ihr Körper von den Schulter bis zum Knie vollständig bedeckt war. Durchsichtige Badeanzüge waren verboten. Schon am ersten Tag war das Familienbad gut besucht, am 25. Juli badeten bereits 167 Personen. Einige Jahre später wurde das Herrenbad mit dem Familienbad zusammengelegt, während schamhaften Damen noch bis 1928 ein gesonderter Abschnitt des Strandes vorbehalten blieb.

Die bei einer Sturmflut überspülte Promenade am „Luft- und Sonnenbad“ vor der Georgshöhe, 1926.

„Sonnenhungrige“ im Geviert des „Luft- und Sonnenbades“, um 1928.

▲ Das Restaurant und Café „Wilhelmshöhe" am Nordstrand, 1898.

▲ Die durch Sturmflut zerstörte „Wilhelmshöhe", 1916.

► Aufgang zur „Wilhelmshöhe", um 1912.

Auf Empfehlung des „Kurparlamentes" errichteten 1887 die Besitzer des „Kaiserhofs", Heinrich Kohlstedt und Carl Gramberg, am Nordstrand der Insel die Dünenhalle „Wilhelmshöhe" – schon bald ein beliebter Treffpunkt von Strandwanderern und Ausflüglern. Das Lokal besaß eine exquisite Küche und hielt eine reichhaltige Getränkekarte vor. Obwohl in einem gehörigen Abstand zum Meer und auf einer hohen Düne erbaut, versank das Gebäude bereits 1895 bei einer schweren Sturmflut im Meer. Kohlstedt und Gramberg verzichteten auf den Wiederaufbau. Die neue „Wilhelmshöhe", jetzt ein kleineres Gebäude und im gastronomischen Angebot bescheidener, ließ der Friseur A. Schipper errichten. Dieses Gebäude brannte 1910 ab. Der gleiche Besitzer baute nun die dritte „Wilhelmshöhe", die bei den schweren Sturmfluten im Februar 1916 so schwer zerstört wurde, dass sich ein Wiederaufbau nicht lohnte. Mit der „Strand-Konditorei und Café Cornelius" entstand 1920 ein neuer beliebter Treffpunkt am Nordstrand, von dem es schon bald hieß: „Seh' ich von fern das rote Dach, so folg ich meinem Herzen nach, denn in der Strandkonditorei gibt es vom Besten mancherlei. Es ist ein wahrer Hochgenuss, ein Stündchen bei Cornelius." 1978 wurde an dieser Stelle das heutige Restaurant „Am Nordstrand" eröffnet.

Wohnhaus und Restauration der „Meierei", um 1900.

Ein großes Problem bereitete die Beseitigung der besonders in den Sommermonaten anfallenden Abwassermengen. Diese wurden zunächst vom Fuhrunternehmer Ennen in die östlich des Ortes gelegenen Rieselfelder gebracht, nach dem Bau der Schwemmkanalisation dann über Rohrleitungen in das Areal gepumpt. Die Düngestoffe förderten den Graswuchs, was die Gemeinde dazu veranlasste, hier einen landwirtschaftlichen Betrieb einzurichten. Zur Beweidung der Rieselfelder hielt der Pächter der „Meierei" eine Herde von Kühen, die „treffliche Milch und Butter" lieferten, womit die Norderneyer Kinderheime versorgt wurden. Das Restaurant der „Meierei" war ein beliebtes Ausflugsziel für Badegäste und empfahl sich als „Hauptvergnügungspunkt für Familien mit Kindern, welche sich in ländlicher Umgebung erfrischen wollen". „Neu angelegte Doppelkegelbahn, Turngeräthe, Schaukel, gutes Pianino. Gute Speisen und Getränke zu billigen Preisen. Täglich frische sowie dicke Milch in Satten" – damit warb die „Meierei" 1896 um das „verehrte Publikum".

◀ **Aufstellung zum Abmarsch an den Strand, 1907.**

▶ **Kindergruppe und Betreuer des Kinderheims Rode am Strand, 1910.**

„Abschied" – Bis nächstes Jahr auf Norderney! Aufgenommen um 1908.

Weitere Bücher aus dem Wartberg Verlag

Pack die Badehose ein - Urlaub in den 50er Jahren
von Reinhard Appel.
72 S., geb., zahlreiche s/w Fotos
(ISBN 3-86134-381-9)

Leer - Bewegte Zeiten - Die 50er Jahre
von Helga Watzema.
Historische Fotografien.
72 S., geb., zahlr. s/w Fotos
(ISBN 3-86134-628-1)

Emden - Ein verlorenes Stadtbild
von Dietrich Janßen.
Historische Fotografien.
72 S., geb., zahlr. s/w Fotos
(ISBN 3-86134-581-1)

Freizeitführer Ostfriesland, Friesland und Ostfriesische Inseln
von Josephin Warring.
1000 Freizeittipps, Ausflugsziele, Sehenswürdigkeiten.
192 S., Brosch., zahlr. S/w- und Farbfotos
(ISBN 3-86134-658-3)

Norden - wie es früher war
von Adolf Sanders.
72 S., geb., zahlr. historische s/w Fotos
(ISBN 3-86134-642-7)

Emden - Rundflug über das alte Emden
von Dietrich Janssen.
64 Seiten, gebunden, zahlreiche s/w Fotos, historische Fotografien
(ISBN 3-8313-1182-X)

Wartberg Verlag GmbH & Co. KG
Im Wiesental 1 · 34281 Gudensberg-Gleichen · Telelefon: (0 56 03) 9 30 50 · Fax (0 56 03) 30 83
www.wartberg-verlag.de